Barbara Jakob

Auf dem Weg zum Weihnachtslicht

Adventsbüchlein für

Katharina Gondolf

2001

Freude auf dem Weg

Wohnungen und Häuser sind weihnachtlich geschmückt, auch Dörfer und Städte ziehen ihre Festbeleuchtungen an.
Die Vorfreude ist vor allem den Kindern abzuspüren. Geheimnisvoll ist diese Zeit für die Kleinen. Und für mich? Lasse ich mich anstecken, die Wunder des Lichtes und der Natur, die Geheimnisse des Menschseins zu sehen? Gönne ich mir einige ruhige Minuten in der Hektik, um über mein Leben und den Sinn von Weihnachten nachzudenken?

Ich will mir diese Zeit schenken!

1. Dezember

Quellen der Freude

Äußere Dinge, die Freude verbreiten, ersetzen nie die innere Freude, die ihre Quelle in meiner Seele hat.
Meine Seele läßt sich nicht mit materiellen Dingen zufriedenstellen – sie braucht die Berührung des Schöpfers, der an Weihnachten seinen Sohn in die Welt geschickt hat. Er sagt mir damit, daß er mich unendlich liebt.
Ich will mich heute von dieser Liebe und Freude füllen lassen, damit ich sie weitergeben kann. Dann wird meine Umgebung licht.

2. Dezember

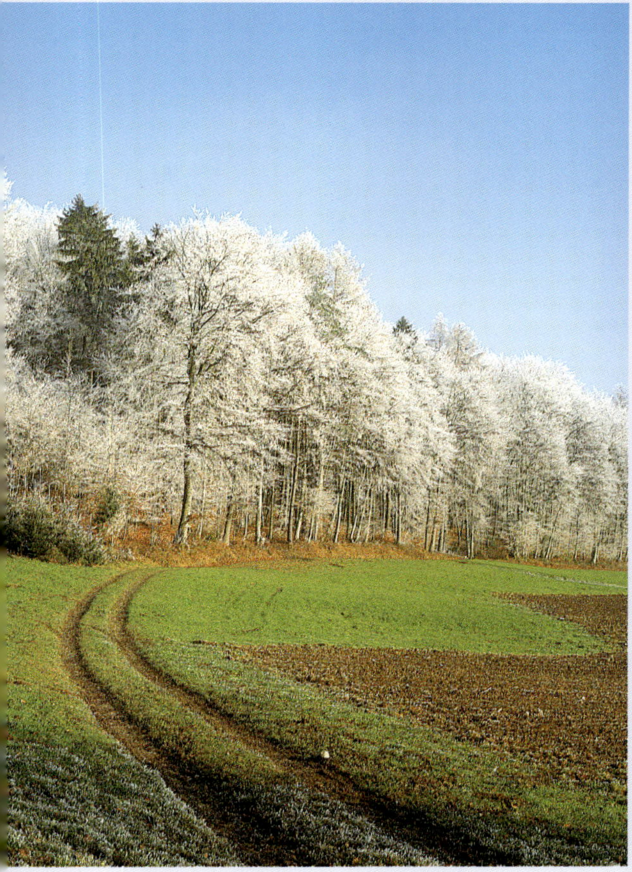

Hindernisse auf dem Weg

Ich kann mir vorstellen, daß Maria und Josef einige Probleme hatten auf ihrer Reise: ein unbequemes, störrisches Transportmittel, unwegsames Gelände, kein Geld, kein bequemes Hotelbett – eine Lage zum Verzweifeln! Aber dennoch, sie haben nicht aufgegeben!
Welches sind Hindernisse auf *meinem* Weg? Schrecke ich davor zurück, weiche ich aus oder halte ich durch und versuche, sie zu überwinden?
Die Weihnachtsgeschichte macht mir Mut für die Schwierigkeiten meines Lebens: Wie oft wartet Segen am Ende eines schwierigen Weges!

3. Dezember

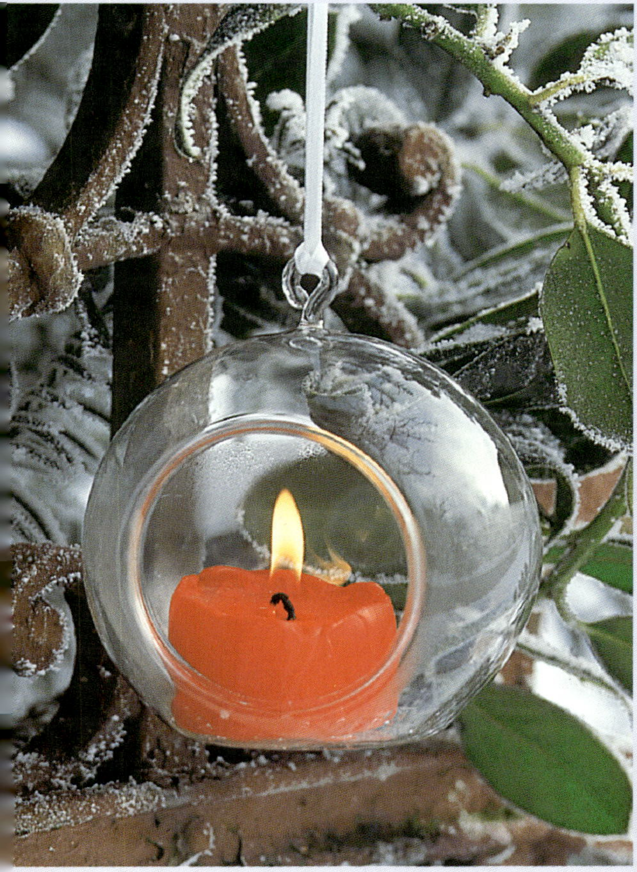

Vertrauen auf dem Weg

Wer einmal mit einem kleinen Kind nachts in der Dunkelheit unterwegs war, weiß, wie fest eine Kinderhand klammern kann. Das Kleine fühlt sich sicher und geborgen, weil Vater oder Mutter seine Hand festhalten.

Gott als unser Vater wünscht sich auch, daß wir »klammern«. David hat es in den Psalmen so ausgedrückt: »Unter deinem Schutz bin ich sicher und geborgen. Ich klammere mich an dich, und du hältst mich mit deiner starken Hand.«
Brauchen wir diese starke Hand in unserer unruhigen Zeit nicht ganz besonders?

4. Dezember

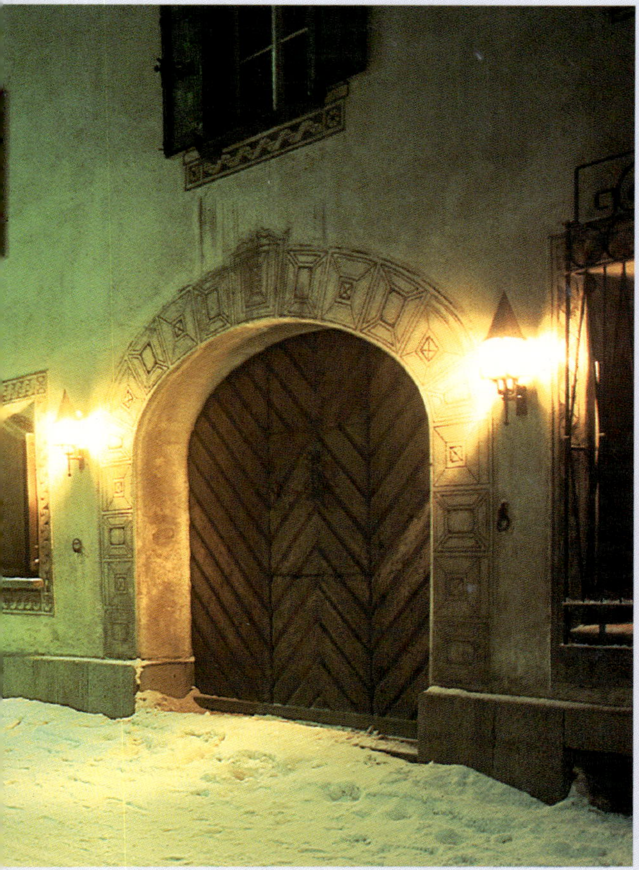

Die richtige Zeit

Selten ist im Leben alles passend.
Ein unerwarteter Besuch, eine Erkältung
oder sonst irgendetwas durchkreuzen
unsere Pläne. Lasse ich mich davon irritieren
oder sehe ich darin die Chance, ein
beweglicher, flexibler Mensch zu bleiben?
Jemand, der versucht, aus jeder Situation
das Beste zu machen?
Maria und Josef kam die Volkszählung
wahrscheinlich gar nicht zur richtigen Zeit!
Aber sie hatten keine Wahl, sie *mußten* sich
auf den Weg machen.
Das zeigt mir, daß Gott den besseren
Überblick hat - auch über *mein* Leben. Und
wenn mir oft vieles nicht »richtig« scheint,
unpassend oder gar verkehrt, so will ich lernen, alles vertrauensvoll anzunehmen, auch
wenn ich es nicht verstehe.

5. Dezember

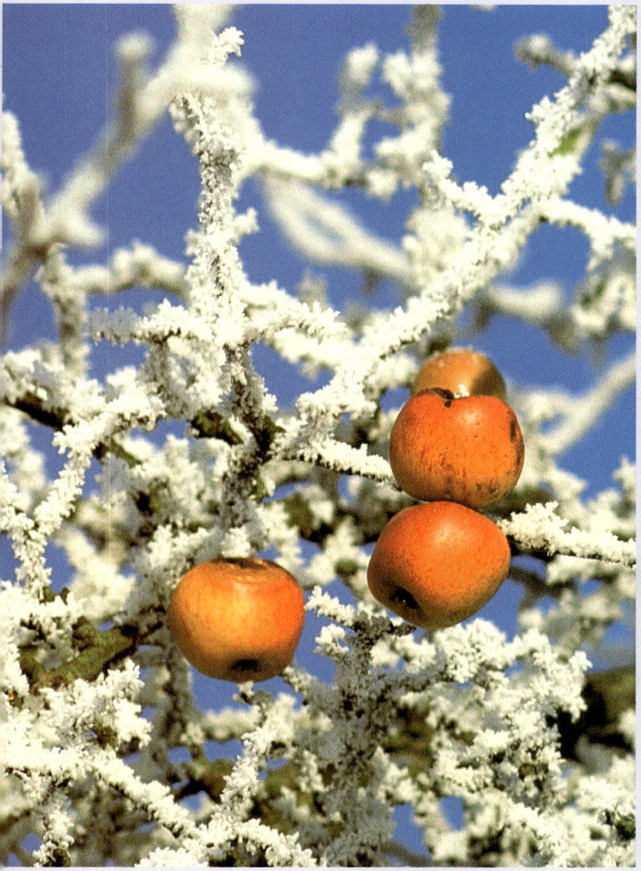

Angst oder Vertrauen?

Hu! Wie ist sie wunderschön – diese Aufregung, bevor der Nikolaus kommt! Der Verstand kann den größeren Kindern zwar längst sagen, daß Nikolaus »nur« ein Mann ist – aber ein wenig Angst schleicht sich trotzdem noch ins Herz und läßt es schneller schlagen! Und dann kommt *er*! Er, der zur Kindheit gehört und uns ein Leben lang in der Erinnerung begleitet.

Wenn wir schon längst erwachsen sind, fürchten wir uns doch immer wieder vor »Nikoläusen« in unserem Leben – vor dem, was kommen und wie es sein könnte. Was nützt mir diese Angst? Gar nichts! Sie blockiert mich nur. Ich will lernen, mehr zu vertrauen!

6. Dezember

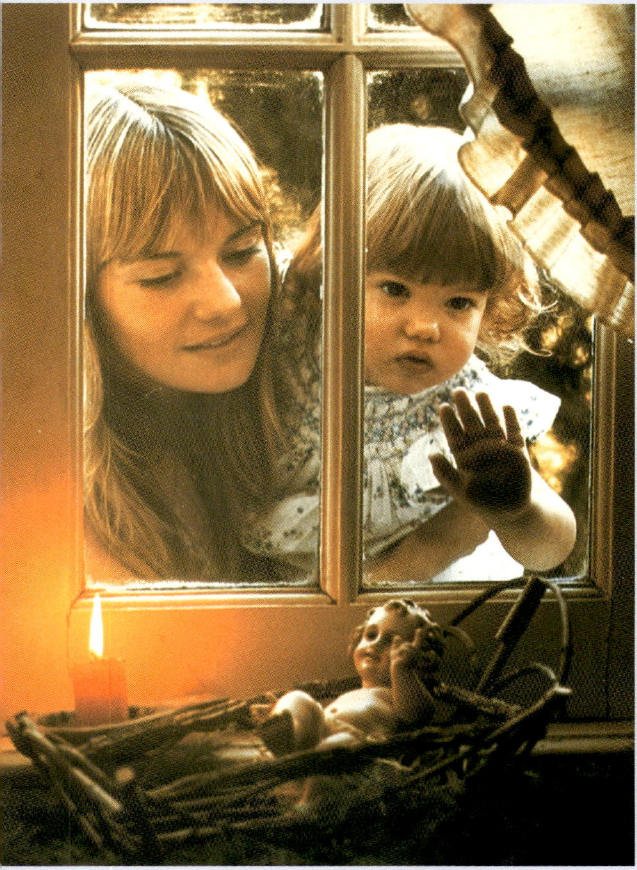

Licht und Schatten

Meine Erfahrungen aus der Vergangenheit,
vor allem aus meiner Kindheit,
entscheiden mit, wie ich mich heute dem
Leben stelle. Ob ich eher Licht oder nur
Schatten sehe.
Ich mußte erkennen, daß es mir nie
weiterhilft, wenn ich meiner Vergangenheit,
meinen Eltern oder den Umständen die
Schuld zuschiebe. Dann bleibe ich gefangen.
Erst wenn ich vergebe und loslasse,
werde ich frei.
Gerade die Adventszeit bringt viele
Erinnerungen zurück und lädt mich ein,
das Schwierige hinter mir zu lassen und
alles Gute als Quelle der Kraft zu behalten.

7. Dezember

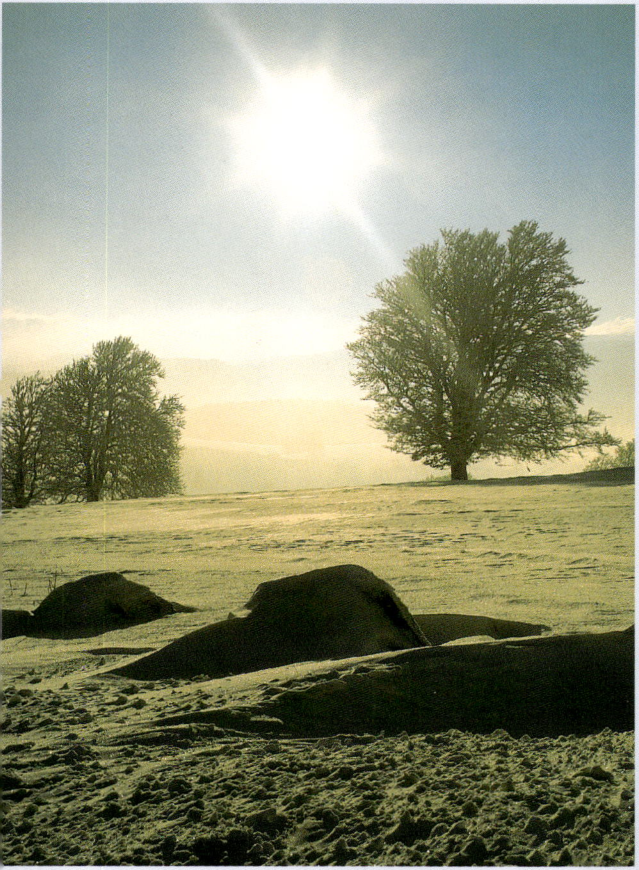

Stille auf dem Weg

Gerade in der vorweihnachtlichen
Hektik sehne ich mich manchmal nach
der Stille einer Kirche, nach einer Ecke, in
der ich eine Kerze anzünden und einfach in
Ruhe »sein« kann.

Wir modernen Menschen haben
Weihnachten »verloren«, weil die leise
Stimme Gottes in der lauten Welt kaum
mehr gehört wird.
Ich will Orte der Stille suchen und meine
Seele öffnen. Auf einmal spüre ich, daß
Gott mich einlädt, bei ihm an der Krippe zur
Ruhe zu kommen.
Dieses Weihnachten will ich finden!

8. Dezember

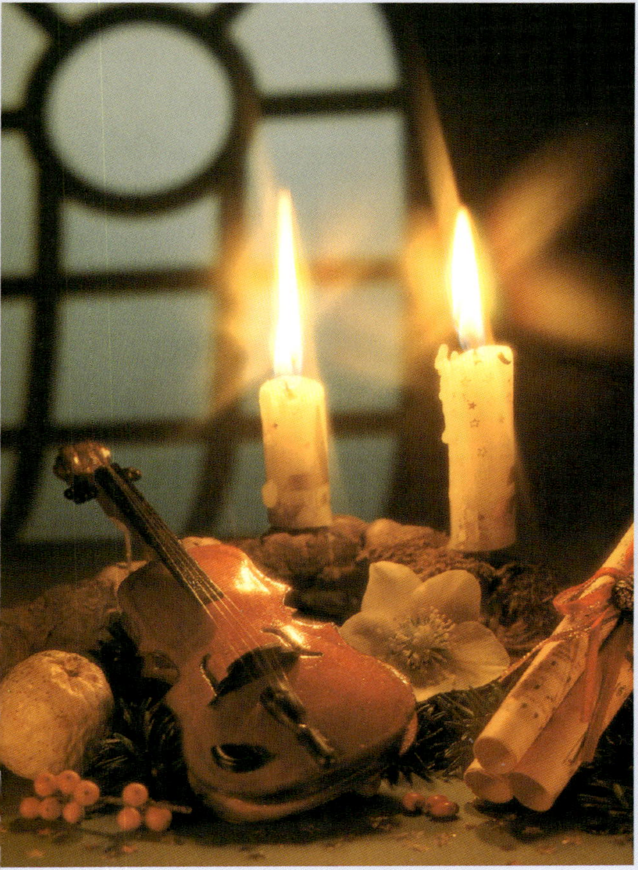

Brauchbar und unbrauchbar

Wie schnell sind wir doch dabei, uns selber, andere Menschen und Dinge »einzuteilen«: »Schon wieder habe ich versagt!« – »Das bringt mir was, das bringt gar nichts!« – »Mit dem kann man etwas anfangen, mit dem anderen kommt keiner klar.«
Wie wäre es, wenn ich alles aus einer anderen Perspektive betrachten würde? Wenn ich etwas Schönes bastle, entsteht Abfall. Das Laub im Herbst wird zum Dünger fürs Frühjahr. Aus Scherben entsteht ein Mosaik. Jesus sagte dazu: »Wenn das Weizenkorn nicht in die Erde fällt und stirbt, bringt es keine Frucht.« Er lebte es uns vor durch Tod und Auferstehung.
Wie kann sich in meinem Leben Verlust und Versagen in Gewinn verwandeln? Durch eine neue Perspektive!

9. Dezember

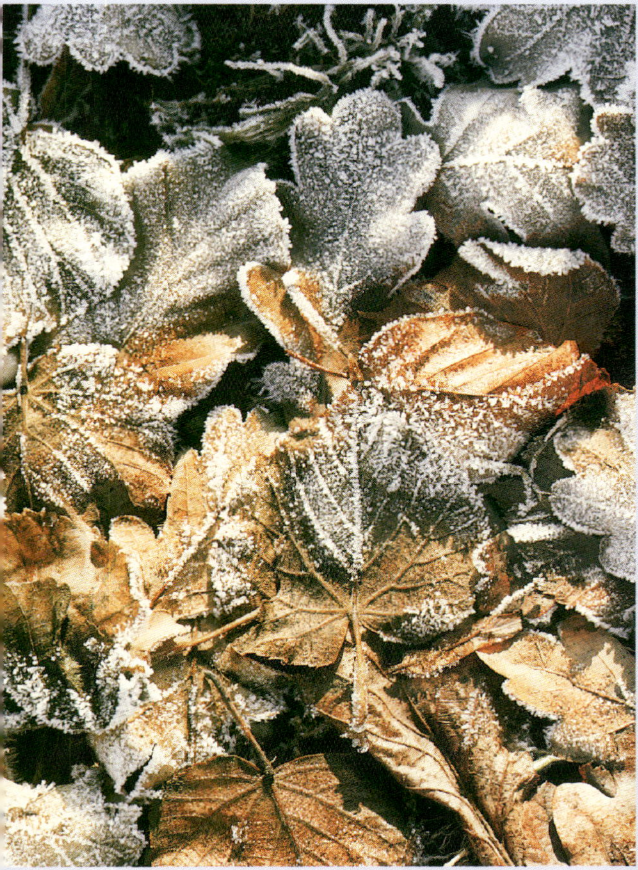

Auf dem Weg

Ich will nicht stehenbleiben –
auf *meinem* Weg.
Ich will mich aufmachen,
mich nicht abhalten lassen
von Steinen und Felsen.
Ich will mich nicht scheuen
vor Tälern und Schluchten –
ich will vertrauend den Weg weitergehen.
Auch wenn ich nicht weiß, was in der
Zukunft auf mich wartet –
eines weiß ich bestimmt:
Ich bin unterwegs –
mit vertrauendem Herzen –
zum ewigen Weihnachtslicht.

10. Dezember

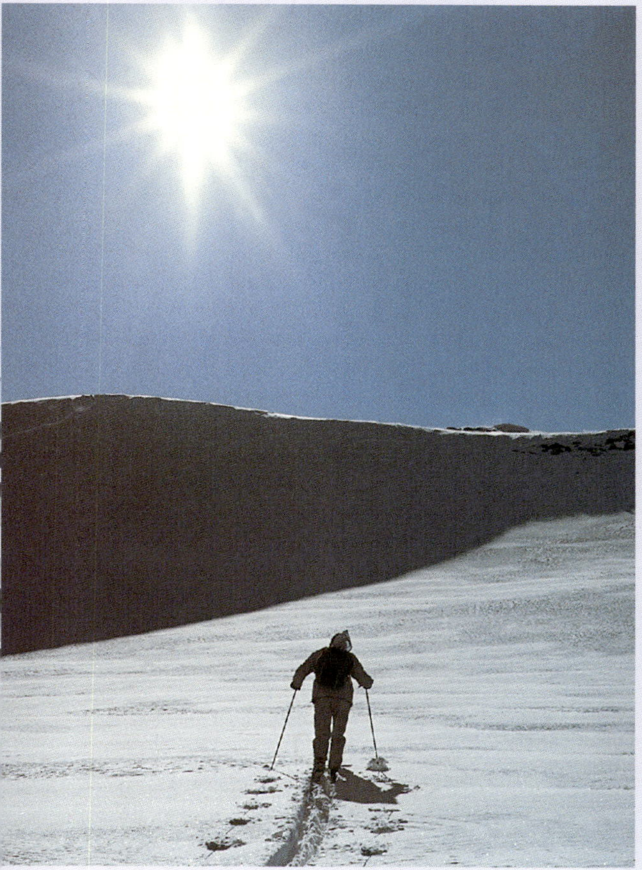

Wem folge ich?

In einem Weihnachtslied singen Kinder vom Stern von Bethlehem, dem sie folgen wollen, um den Heiland der Welt zu finden. Welchem »Stern« folge ich? Führt er mich hin zu dem Einen, der mir Sinn und Halt und Hilfe in meinem Leben sein kann?
»Und wäre Jesus tausendmal in Bethlehem geboren und nicht in dir, du wärst doch ewiglich verloren.« Als ich den Satz dieses Dichters zu begreifen begann, bekam auch Weihnachten eine neue Bedeutung für mich. Auf einmal verstand ich: Das Kind in der Krippe will mir sagen, daß es mich persönlich meint. Lasse ich mich von ihm ansprechen?

11. Dezember

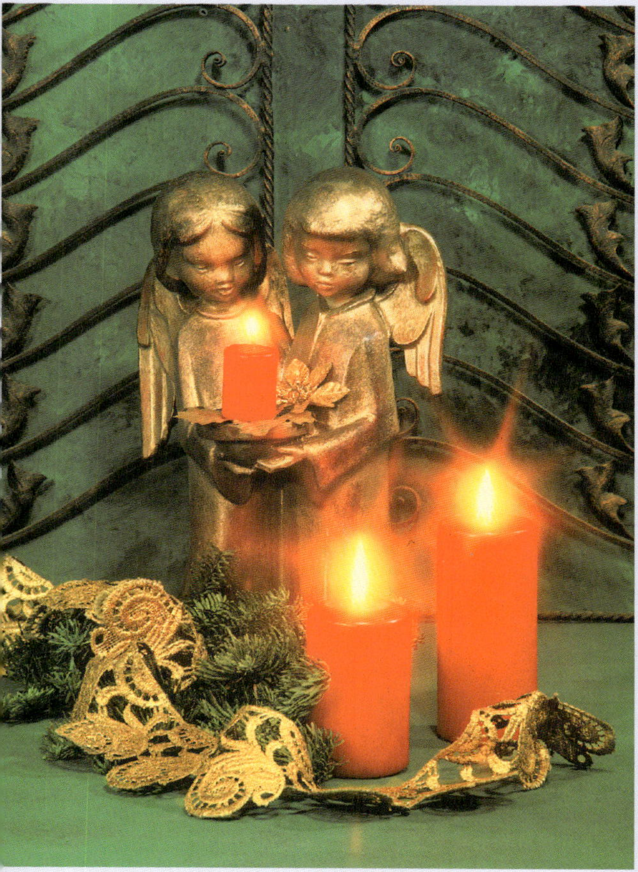

Geschenke

»Damals, während der Krisen- und Kriegszeit, da war Weihnachten noch schön!« erzählte ein älterer Herr mit ganz verklärten Augen. »Alle hatten Not, und das kleinste Geschenk – etwas zum Essen, ein neu geflickter alter Pullover, alles, aber auch alles wurde geschätzt und mit großer Dankbarkeit angenommen.«

Diese Dankbarkeit ist heute fast verschwunden, weil in unserer Wohlstandgesellschaft die meisten alles haben, was sie zum Leben brauchen – und viel mehr!
Aber es gibt immer noch Menschen, denen das Nötigste fehlt, vor allem in der Dritten Welt. Kinder, die auf der Straße leben oder viele Stunden hart arbeiten müssen. Ich will mir zeigen lassen, wo ich helfen und mit wenigem große Freude schenken kann.

12. Dezember

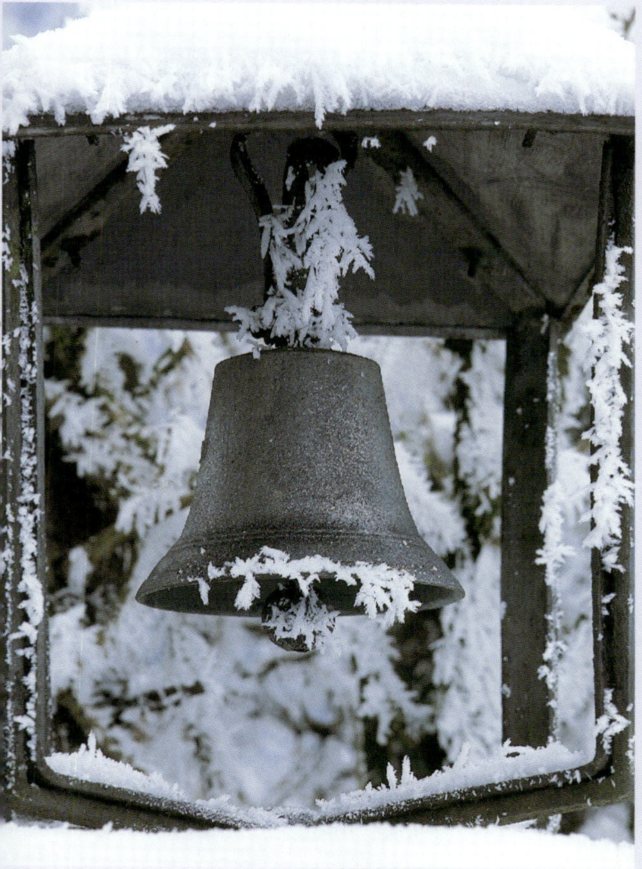

Das Leben feiern

Advent und Weihnachten sind Festzeiten. Feste sind für uns Menschen wichtig, ja lebensnotwendig, weil sie uns herausholen aus dem Trott des Alltages. Sie machen uns klar, daß Arbeit nicht alles ist und wollen uns Inseln schenken, auf denen wir ausspannen und nachdenken können. Feste schaffen Begegnungen mit anderen Menschen und geben unserem Leben Glanz und Freude.

Ich möchte etwas von dieser Festzeit mitnehmen ins neue Jahr hinein und aus vielen »gewöhnlichen« Tagen Feiertage werden lassen, weil mein Herz froh und dankbar ist für alles, was ich habe!

13. Dezember

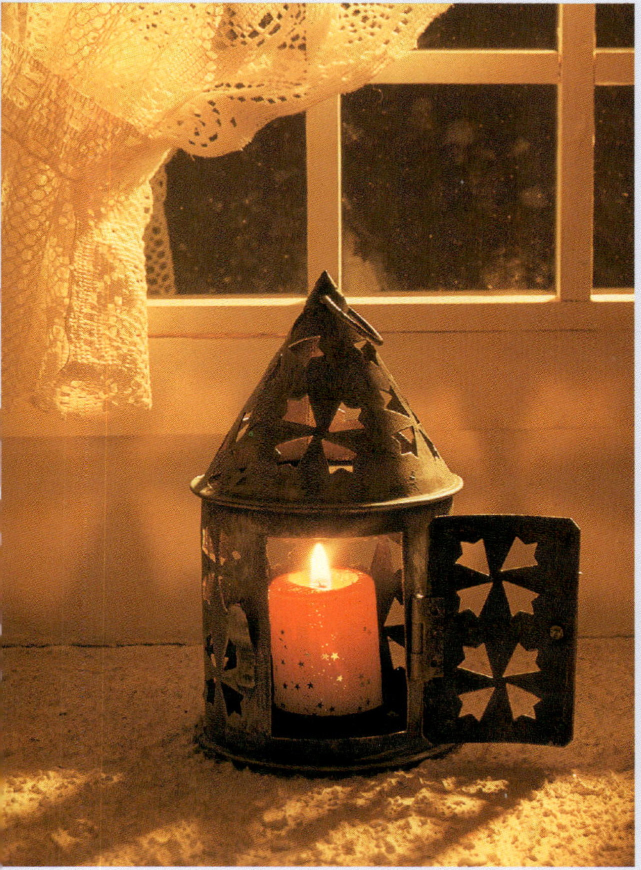

Dankbarkeit

In diesen Adventstagen denke ich über die Menschen nach, die mir in diesem Jahr wichtig geworden sind.
Da war die einmalige Begegnung mit einem fast Fremden, der nach kurzer Zeit unser Freund wurde. Da ist meine Freundin, die mich immer wieder ermutigt. Die Frauen aus der Gesprächsgruppe, mit denen ich lachen und weinen konnte. Der Arzt, der in der Krankheit half und die Nachbarin, die nach dem Haus schaute während unserer Ferien. Ich will ihnen mit einigen lieben Worten danke sagen!

14. Dezember

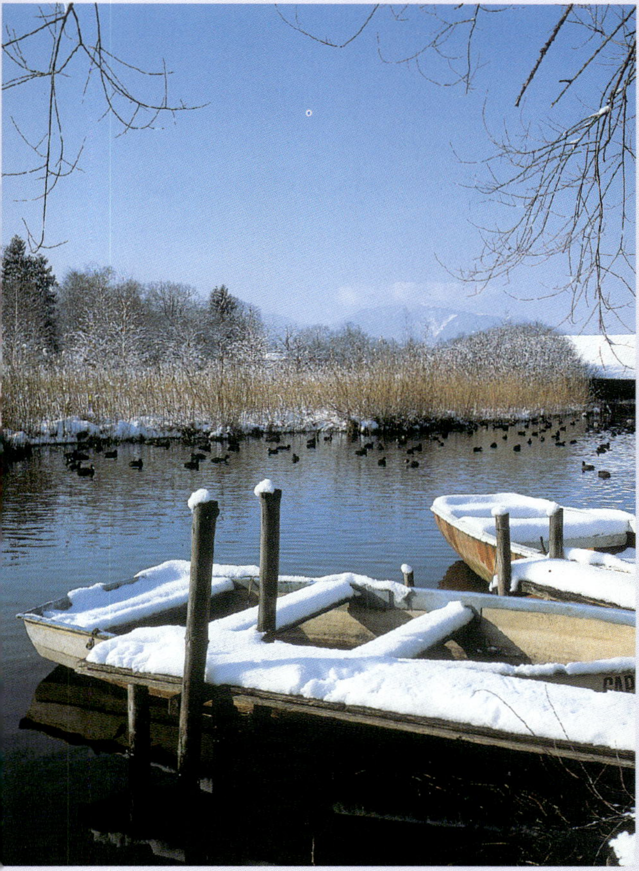

Sehnsucht nach heiler Welt

In dieser Jahreszeit bricht in uns oft eine tiefe Sehnsucht auf nach Liebe, Geborgenheit und Frieden. Irgendwie scheinen wir alles Schwierige und Negative stärker wahrzunehmen. Wir wünschten uns so sehr, daß alle Menschen ohne Krieg, ohne Kälte und ohne Hunger leben könnten.
»Was kann ich denn schon tun?« fragen wir, wenn wir uns hilflos und ohnmächtig fühlen. Nur den Mut nicht verlieren! Ich kann in meiner Familie, in meiner Umgebung vieles bewirken, wenn ich nur die Augen offen halte! Wie wäre es, wenn ich gerade in diesen Tagen viel Ermutigung, Liebe und ansteckende Freude weitergeben würde?

15. Dezember

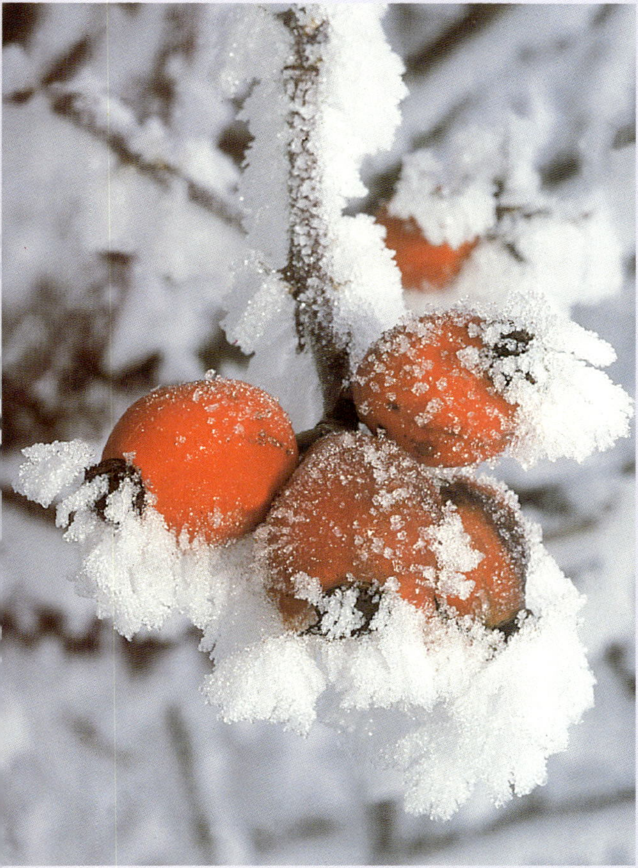

Licht sein

Die Weihnachtsbotschaft sagt mir:
Du bist angenommen – du bist geliebt!
Deshalb kann ich *mich* annehmen,
deshalb kann ich *mich* lieben,
genauso wie ich bin,
genauso, wie Gott *mich* geschaffen hat.
Weil ich mich liebe,
kann ich *andere* lieben,
weil ich mich annehme,
kann ich *andere* annehmen.

Weil das ewige Licht *mich* anstrahlt, kann ich für *andere* ein Licht sein. Ich muß nur in der Nähe des Lichtes bleiben.

16. Dezember

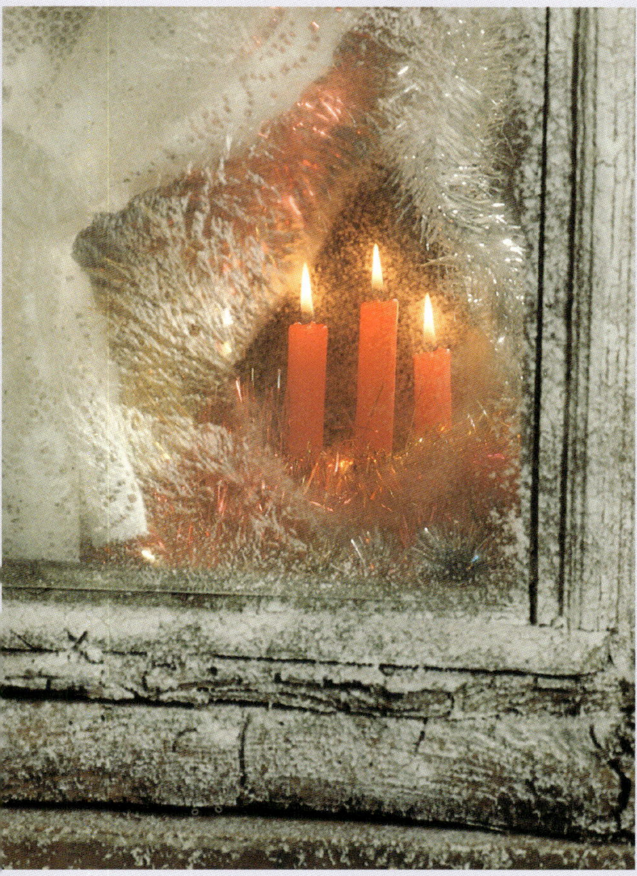

Wie die Kinder ...

Sich freuen – wie die Kinder!
Neugierig sein – wie die Kinder!
Gefühle ausdrücken – wie die Kinder!
Liebe schenken – wie die Kinder!

»Laßt die Kinder zu mir kommen, denn ihnen gehört das Himmelreich!« sagte Jesus. Sind sie dem Himmel näher als wir verstandesgeprägten Erwachsenen? Kinder muß man nicht von der unsichtbaren Welt überzeugen, sie wissen, daß es sie gibt. Deshalb forderte Jesus uns auf, zu »werden wie die Kinder« – in unserer Herzenshaltung – mit Vertrauen, Glauben, Offenheit, Dankbarkeit und Fröhlichkeit. Wenn wir das wieder lernen, dann werden wir den Himmel auf Erden spüren! Das Kind in der Krippe will mir dabei helfen.

17. Dezember

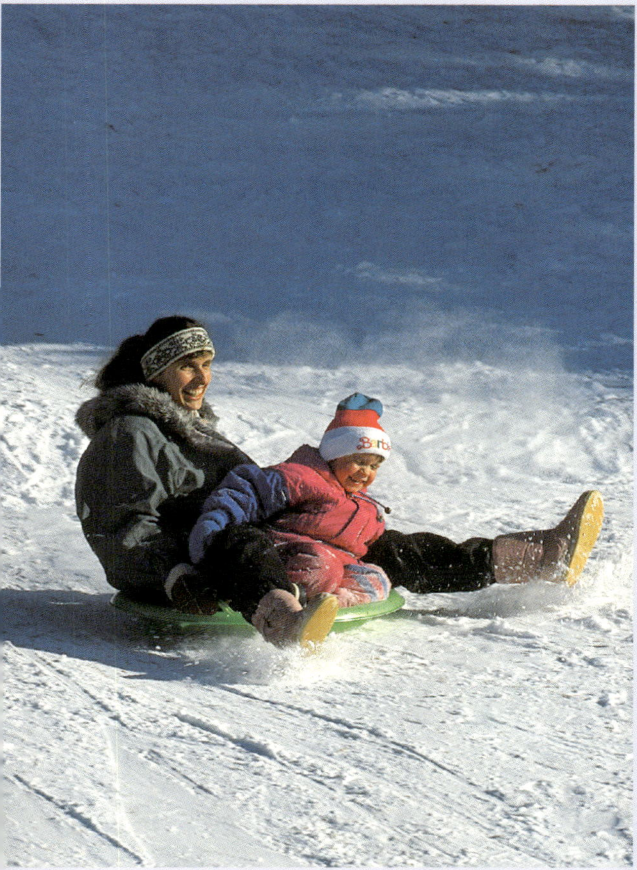

Überraschungen

Zu den schönsten Erinnerungen zählt das Warten auf den Moment, wenn wir als Kinder die Geschenke unter dem Weihnachtsbaum öffnen durften. Endlich, endlich! Und dann die überschwengliche Freude, wenn ein heimlicher Wunsch in Erfüllung ging!
Freude und Dankbarkeit sind Gesundbrunnen für die Seele. Deshalb will ich lernen, die Überraschungen auf dem Weg zum Weihnachtslicht zu bemerken, auch wenn sie nicht als Geschenke verpackt sind: Ein freundliches Wort, eine zärtliche Umarmung, ein unerwarteter Anruf, ein ermutigendes Gespräch, eine echte Versöhnung.
Wird so nicht fast jeder Tag ein Grund für Dankbarkeit und Freude sein?

18. Dezember

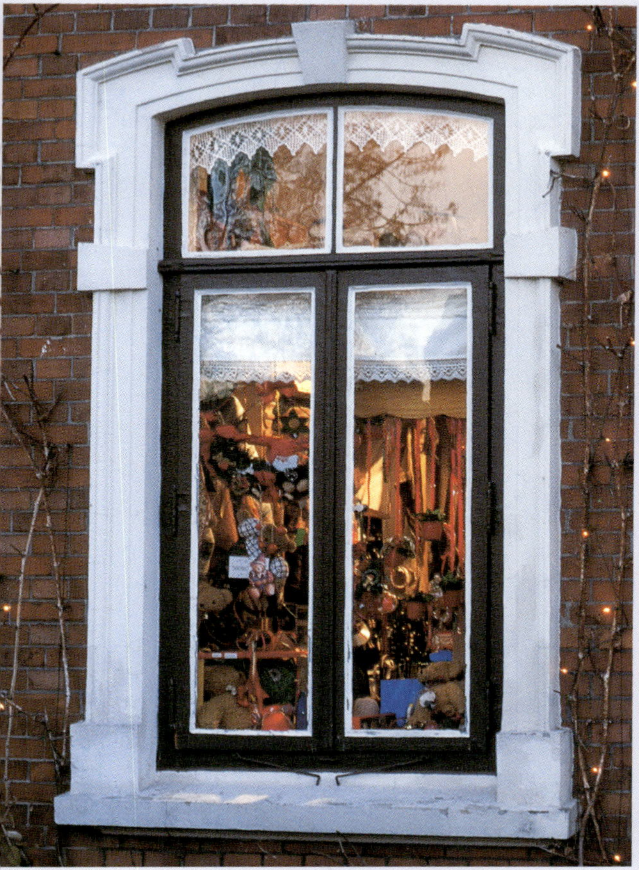

Nebel auf dem Weg

Grau in grau, regnerisch und trüb verhangen die ganze Welt. Kaum sieht man die Hand vor Augen! Langsamer laufen, vorsichtiger fahren – besser aufpassen.
Die »Nebelzeiten« unseres Lebens verlangsamen oft drastisch unser Tempo, die Prioritäten verschieben sich, und all das, was wichtig war, zählt plötzlich nicht mehr. Wir bangen, hoffen, beten.
Wird sich der Nebel wieder lichten? Wird der Tunnel je zu Ende sein? Wird die Sonne wieder scheinen?
Ja! Ich habe es oft erlebt: Wenn wir treu weitergehen – auch in der Dunkelheit – und den Glauben und die Hoffnung nicht aufgeben. Weihnachten will uns sagen: Das *Licht* ist in die Welt gekommen und *Gott ist mit uns*!

19. Dezember

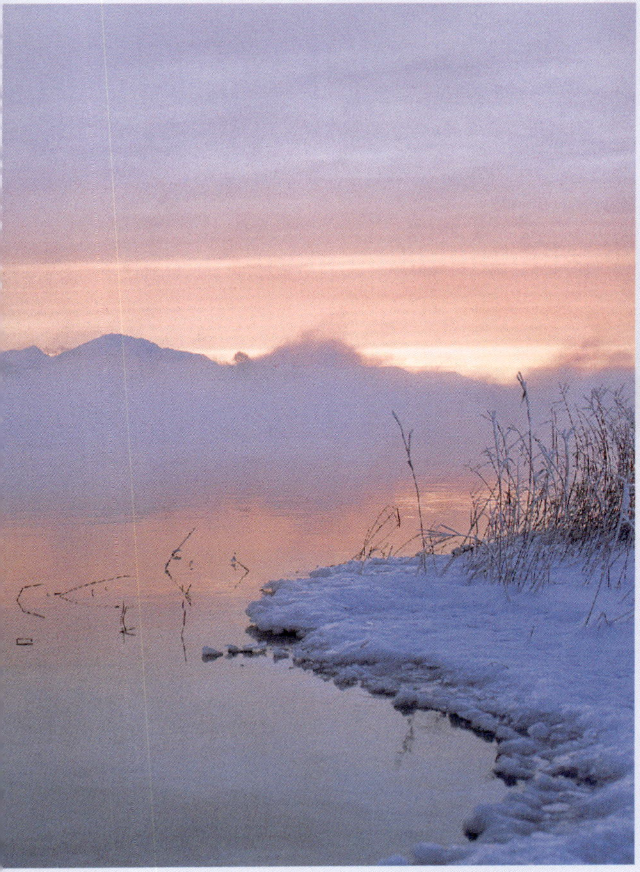

Einkehr

Auf dem Weg zum Weihnachtslicht will ich innehalten, zu mir selber einkehren, mir Zeit zum Nachdenken gönnen.
Was ist der Sinn meines Lebens?
Was ist mein Ziel? Wonach strebe ich?
Was ist mir wichtig?
Lebe ich oder werde ich gelebt?

Im Zwiegespräch mit Gott, der uns in Jesus Freund und Begleiter wurde, kann ich Antworten finden – auf *meinem* Weg.

20. Dezember

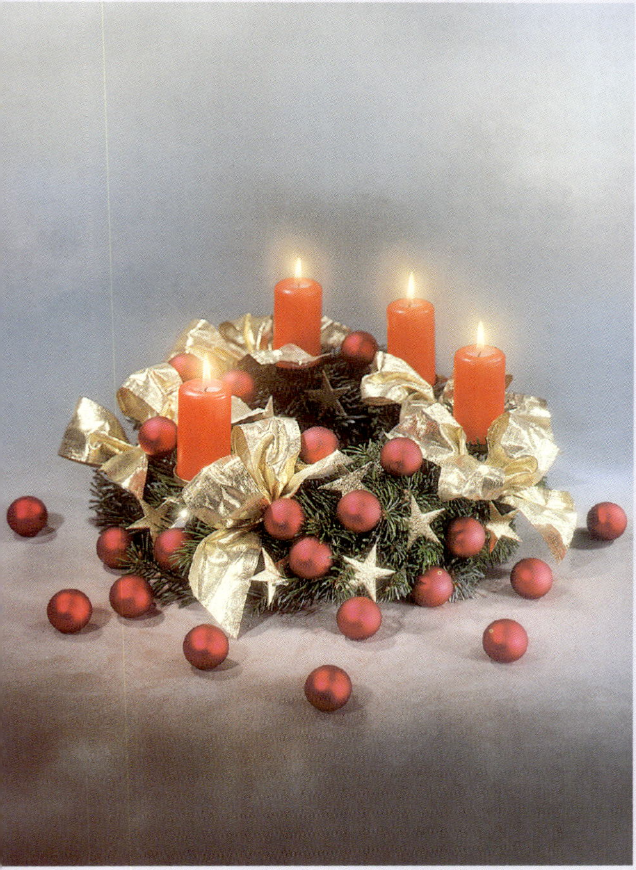

Ich will mich aufmachen

Welch ein Schrecken muß das für die Hirten gewesen sein, als plötzlich ein ganzes Himmelsheer vor ihnen stand! Nicht umsonst mußte der Engel sie beruhigen mit dem berühmten: »Fürchtet euch nicht, denn siehe, ich verkündige euch ...!«
Wenn Gott in mein Leben hereinbricht, muß er auch zu mir sagen: »Fürchte dich nicht!« Aber damit hört er nicht auf – bei Gott geht es immer weiter! Der Engel erzählt von Jesu Geburt im Stall, gibt den Hirten Anweisungen – und verschwindet mit den anderen dann wieder Richtung Himmel.
Jetzt liegt die Entscheidung bei den Hirten – und sie liegt bei mir. Wollen wir gehen und den Anweisungen Gottes folgen?
Ja, ich will mich aufmachen – zu ihm hin.

21. Dezember

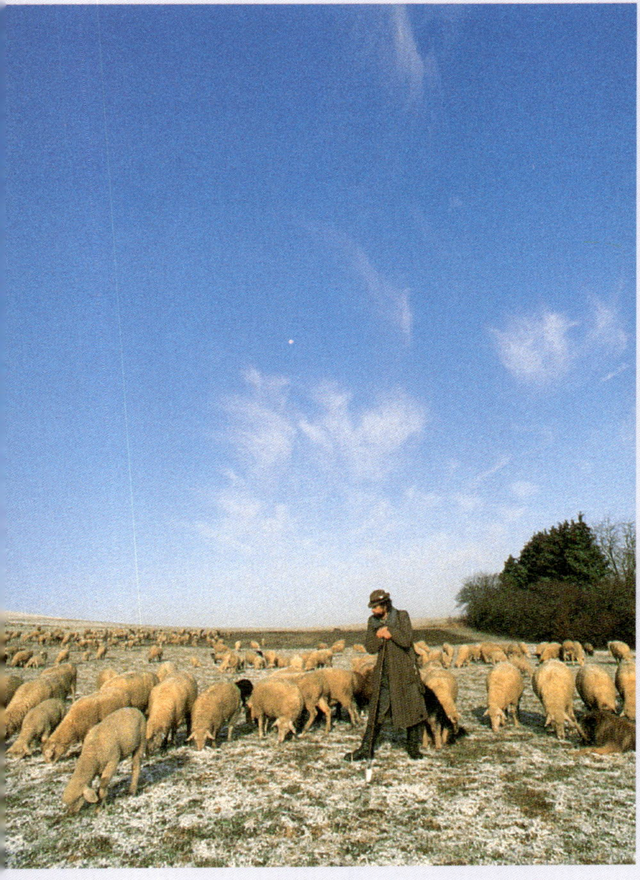

Vertrauen macht stark

Ich wünsche Ihnen, daß Sie anderen
vertrauen können, weil Sie selber
Urvertrauen erfahren haben.
Ich wünsche Ihnen, daß Sie sich selbst
vertrauen – denn Gott vertraut Ihnen!
Ich wünsche Ihnen, daß Sie Gott vertrauen,
damit Sie frei werden vom Denken anderer
über Sie. »Sei kindlich abhängig von Gott
und königlich unabhängig von Menschen«,
schrieb eine Dichterin.
Ich wünsche Ihnen, daß Sie Gott Ihr Leben
anvertrauen, damit Sie ewiges Leben gewinnen. Ich wünsche Ihnen, daß in Ihrem Leben
das Weihnachtslicht zu leuchten beginnt!

22. Dezember

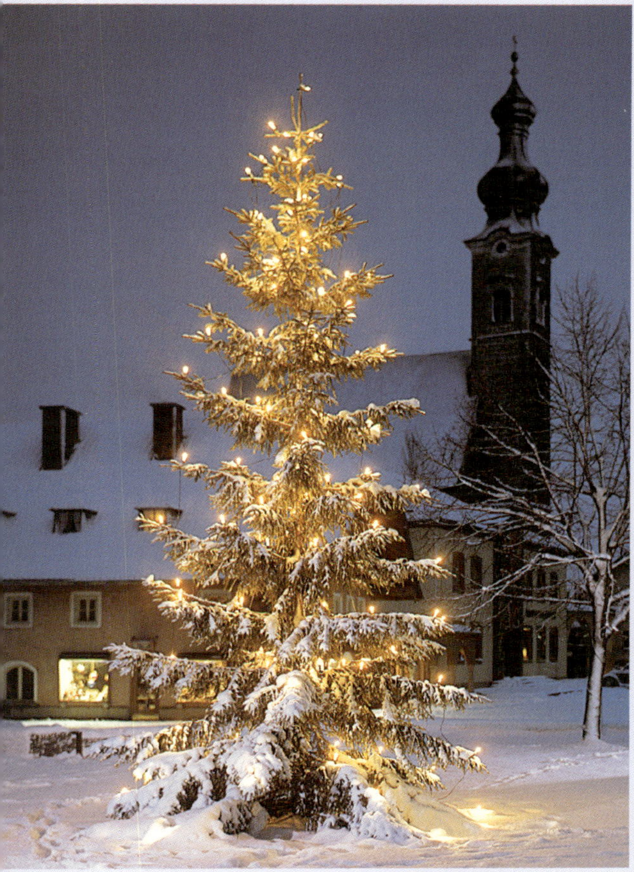

Wunder des Winters

Ich kann es kaum glauben – und doch: Da halten Blumen der Kälte, dem Schnee und aller Nässe stand und blühen fröhlich in den Winter hinein.

Sie können mir Sinnbild werden: Der Schnee und das Eis meines Lebens haben nicht das letzte Wort: Weihnachten ist geworden, weil Gott uns mit seiner Liebe erreichen will. Lasse ich mich berühren?

23. Dezember

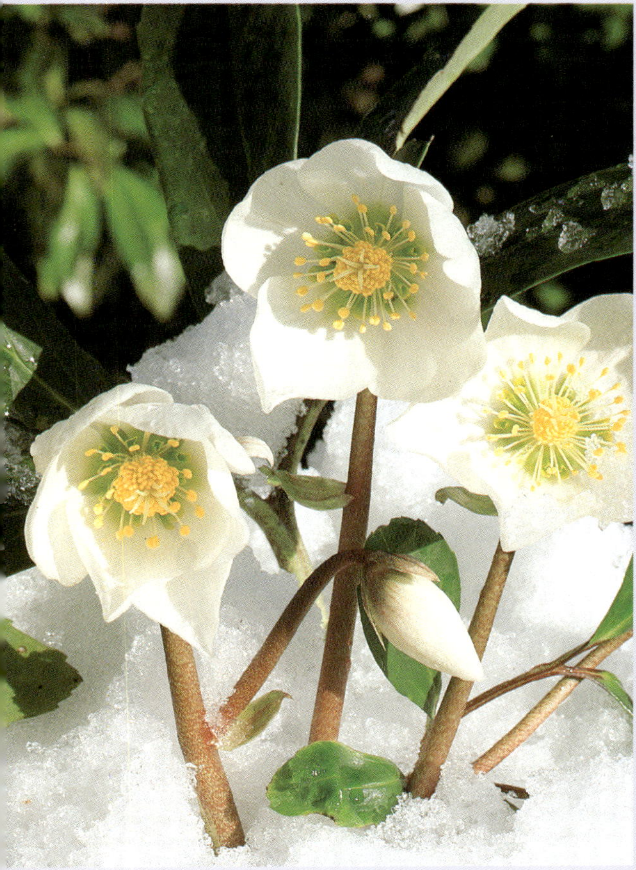

Ich steh an deiner Krippen hier …

Nun bin ich dem Weihnachtslicht gefolgt und stehe vor dem Stall von Bethlehem. Zögernd öffne ich die halb verfallene Tür und trete ein. Es riecht nach Tieren, ist düster und kühl. Dort liegt es, das Kind. Auf einmal nehme ich die ganze Umgebung nicht mehr wahr - das Kind und ich sind allein. Mir nimmt es die Luft, nichts kann ich sagen, und doch reden wir miteinander – der »heruntergekommene« Gott und ich. Tiefe Freude, unendliches Glück durchfluten mein Herz. Auf einmal weiß ich: So geliebt wie von diesem Jesus war ich noch nie! Ich bin tief berührt und weiß: Ich werde nie mehr dieselbe sein – ich bin an der Krippe Jesus begegnet!

24. Dezember

Bildnachweis:
Umschlag, 11., 24.: K. Lehmann; 1.: P. Kleff; 2.: H. + B. Dietz;
3.: Ch. Palma; 4., 18.: T. Krüger; 5., 15.: L. Lenz; 6.: P. L. Raota/
E. Geduldig; 7.: M. Mehlig; 8.: G. Eppinger; 9.: Löbl-Schreyer;
10., 12.: K. Scholz; 13., 16.: L. Bertrand; 14.: Radelt/HUBER;
17.: Th. Harbig; 19., 21.: H. Müller-Brunke; 20.: E. Burk; 22.:
K. Radtke; 23.: M. Ruckszio

Die Deutsche Bibliothek – CIP-Einheitsaufnahme

Auf dem Weg zum Weihnachtslicht / Barbara Jakob. – 2. Aufl. –
Lahr : SKV-Ed., 2000
   (Kleiner Adventsbegleiter ; 92 327)
   ISBN 3-8256-2327-0

Kleiner Adventsbegleiter 92 327
2. Auflage 2000
© 1998 by SKV-Edition, Lahr/Schwarzwald
Gesamtherstellung: St.-Johannis-Druckerei, Lahr/Schwarzwald
Printed in Germany   107664/2000